A SA MAJESTÉ LE ROI

LÉOPOLD Ier

HOMMAGE

DE DÉVOUEMENT ET DE RESPECT

LES AUTEURS

A. VIZENTINI et GUÉNÉE.

GAND, IMPRIMERIE ET LITHOGRAPHIE DE DE BUSSCHER FRÈRES.

LE
16 DÉCEMBRE,

SCÈNE DRAMATIQUE ET LYRIQUE,

EXÉCUTÉE SUR LE GRAND THÉATRE DE GAND,

A L'OCCASION DE L'ANNIVERSAIRE DE LA NAISSANCE DE SA MAJESTÉ

LE ROI LÉOPOLD Ier,

LE 14 DÉCEMBRE 1860

(DIRECTION DE M. A. VIZENTINI),

PAROLES DE

MM. A. VIZENTINI ET GUÉNÉE,

MUSIQUE DE

M. CHARLES MIRY

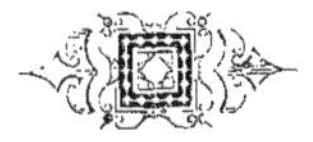

GAND,

IMPRIMERIE ET LITHOGRAPHIE DE DE BUSSCHER FRÈRES.
Rue Savaen, 42.

1860.

PERSONNAGES.

LA PAIX.	MM^{mes} Montaut.
LA BELGIQUE.	» Céret Voiron.
L'AGRICULTURE.	» Steinwender.
LE GÉNIE DES ARTS.	MM^{rs} Audran.
LE PEUPLE.	» Moulin.
LA RELIGION.	» Alexis.
L'ARMÉE.	» Léopold.

Tous les Artistes, les Chœurs et le personnel complet du Théâtre concourent à cette exécution.

Le théâtre représente le vestibule d'un palais.

(Au lever du rideau le canon se fait entendre.)

LA PAIX (*entrant*).

Encor! toujours ce bruit! partout le canon gronde,
Partout sa voix sinistre épouvante le monde,
Malheureuse proscrite, en quels lieux désormais
Dois-je porter mes pas, moi la divine Paix?
O mortels, renoncez à cette lutte impie,
Faites cesser le mal qu'innocemment j'expie,
Car s'il est beau parfois de cueillir le laurier,
La sagesse nous dit de planter l'olivier.
(*Regardant autour d'elle.*)
Mais quel doux calme! au bruit succède le silence
Et dans mon cœur je sens renaître l'espérance,
J'existe, je renais, plus de pleurs, plus d'effroi,
Plus de cris déchirans.... où suis-je ici?

LA BELGIQUE (*paraissant*).

Chez moi !

LA PAIX.

Qui donc es-tu?

LA BELGIQUE.

Je suis ta sœur.... Oui, la Belgique,
Chasse de tes esprits toute terreur panique,
Je suis le seul pays, la seule nation
Qui ne t'ait pas livrée à la proscription,
Ne crois pas cependant que je craigne la guerre,
Chez moi, s'il paraissait une horde étrangère,
On me verrait alors, au milieu des combats,
Mon drapeau dans les mains, animer mes soldats,

Je leur dirais : marchez, serrez les rangs, courage !
De tout envahisseur sachez braver la rage,
Car lors qu'on méconnait la voix de la raison,
Il faut avoir recours à la voix du canon.

LA PAIX.

O ciel !

LA BELGIQUE.

Rassure-toi, ma Déesse chérie,
Lorsque l'Europe en flamme, exerce sa furie
Quand l'Asie, elle-même, en ses instincts pervers,
Par d'indignes forfaits afflige l'univers,
Versant des flots de sang, quand la jeune Italie
Ranime, par la force, une étoile pâlie,
D'un amour filial, moi, le cœur animé,
Je fête dans ce jour mon Prince bien-aimé.

(On entend au dehors la Brabançonne.)

Tiens.... écoute cette hymne, au peuple toujours chère,
Elle annonce au pays un doux anniversaire.

(Le théâtre change et l'on voit groupés autour du buste du Roi l'Armée, le Peuple, l'Agriculture, la Religion et le Génie des arts.)

CHŒUR.

Fêtons dans cet anniversaire
Le prince, objet de nos amours,
Puisse le destin tutélaire,
Sur notre Roi, veillant toujours,
Pour nous tous prolonger ses jours.

LA BELGIQUE.

(RÉCITATIF.)

Accourez à ma voix, enfans de la Belgique,
Pour lui, faites entendre un chant patriotique.

LA PAIX.

Et, comme un doux encens, portez lui votre vœu,
La prière d'un peuple est agréable à Dieu.

CHOEUR *(reprise).*

Fêtons dans cet anniversaire
Le prince, objet de nos amours,
Puisse le destin tutélaire
Sur notre Roi, veillant toujours,
Pour nous tous prolonger ses jours.

LE PEUPLE.

Moi, le peuple, je viens, au nom du travailleur,
Déposer, à ses pieds, une modeste fleur.

L'AGRICULTURE.

Ici, j'apporte, moi, la sainte Agriculture
De nos blondes moissons la fertile parure.

LA RELIGION.

Moi, la Religion, pour ses enfans, pour lui,
Je réclame du ciel le bienveillant appui :
Dans notre tendresse extrême,
Suivons ce précepte là :
Aimons celui qui nous aime
Et le ciel nous bénira.

L'ARMÉE.

Moi, je viens en ton nom, ô valeureuse armée !
Lui prouver que, d'amour, ton âme est animée,
Sur elle il peut compter toujours,
En son dévouement il doit croire,
Elle est prête à donner ses jours
Afin de consacrer sa gloire.

LE GÉNIE DES ARTS.

Au nom des fils du Ciel, du Ciel qui créa l'art,
Je dois, à ce beau jour, prendre une large part,
Art divin, précieux trésor,
A tes talens donne l'essor,

Et fais, que dans ce jour de fête,
Descende sur sa noble tête
Une de tes couronnes d'or.

CHOEUR *(reprise)*.

Fêtons, dans cet anniversaire,
Le prince, objet de nos amours,
Puisse le destin tutélaire
Sur notre Roi, veillant toujours,
Pour nous tous prolonger ses jours.

LE PEUPLE.

CANTATE.

Au peuple, objet de sa tendresse,
Il prêta toujours son appui,
Qu'importent le rang, la richesse !
Nous sommes égaux devant lui
Dans les palais, et sous le chaume,
Léopold doit être cité,
Car il a fait, de son royaume,
Le Temple de la liberté.

TOUS *(reprise)*

Dans les palais, et sous le chaume,
Léopold doit être cité
Car il a fait de son royaume
Le Temple de la liberté.

LA PAIX.

Dans ce moment, si plein de charmes,
Où brule le parfum du cœur
Si nous voyons couler de larmes
Que ces larmes soient de bonheur ;
Que la Hollande et la Belgique,
Oubliant d'anciennes fureurs,
Sur cet autel patriotique,
S'ouvrent les bras comme deux sœurs.

Choeur *(reprise).*

Que la Hollande et la Belgique,
Oubliant d'anciennes fureurs,
Sur cet autel patriotique,
S'ouvrent les bras comme deux sœurs.

LE GÉNIE DES ARTS.

Fêtons, dans nos humbles largesses,
Ses fils, digne postérité,
Et nos vertueuses princesses,
Ces anges de la charité,
Son âme doit en être fière,
Qu'on soit pauvre ou Roi, de tous tems,
La plus belle couronne d'un père
Est la tendresse des enfans.

Choeur *(reprise).*

Son âme doit en être fière
Qu'on soit pauvre ou Roi, de tout tems,
La plus belle couronne d'un père
Est la tendresse des enfans.

LA BELGIQUE.

De nos louanges il est digne,
Car, en bon père, il a doté
D'un noble et glorieux insigne
Notre belle Université,
Unissez vous, belle jeunesse,
Rendez hommage, en ce beau jour,
A celui qui, sur vous, sans cesse,
Veille avec un pieux amour.

Choeur *(reprise).*

Unissez vous, brave jeunesse,
Rendez hommage, en ce beau jour,
A celui qui, sur vous, sans cesse,
Veille avec un pieux amour.

LE GÉNIE DES ARTS.

Entendez-vous ces chants d'ivresse
Que répète un peuple charmé ?
C'est la Belgique qui s'empresse
De fêter son Roi bien aimé,
Qu'un saint amour nous électrise,
Et, dans notre belle cité,
Répétons tous cette devise :
Vivent le Roi, la loi, la liberté !

CHOEUR *(reprise).*

Vivent le Roi, la loi, la liberté.

APOTHÉOSE.

LÉOPOLD IER

AU TEMPLE

DE

L'IMMORTALITÉ.